AF268377

CHÔIX

DE

CANTIQUES.

Nº 1.

CANTIQUE 2. — AIR 2.

TE DEUM.

1. Tout pénétrés de ta grandeur immense,
   Remplis d'amour et de reconnaissance,
   Nous te louons, souverain roi des rois,
   Et notre cœur t'adresse notre voix.

2. Le monde entier, ton merveilleux ouvrage,
   Le monde entier te rend un noble hommage ;
   La mer, les cieux, sans se lasser jamais,
   Chantent ta gloire, annoncent tes hauts faits.

3. Les chérubins, les séraphins, les anges
   Font résonner tes divines louanges,
   Et, de concert, dans leur chant solennel,
   Saint, disent-ils, saint, saint est l'Eternel !

4. Tout ce qui germe et tout ce qui respire,
   Tout est soumis aux lois de ton empire ;
   Ton nom est grand, on l'adore en tous lieux ;
   Il remplit seul et la terre et les cieux.

5. A toi, grand Dieu, la gloire et la puissance,
   L'honneur, l'empire et la magnificence ;
   A ton cher Fils, notre doux rédempteur ;
   A l'Esprit saint, notre consolateur !

6. O Jésus-Christ, ô monarque adorable
Qui voulus bien te faire à nous semblable,
Qui, dans le sein d'une vierge porté,
Pour nous sauver pris notre humanité ;

7. Dieu, Fils de Dieu, qu'en tous lieux on révère,
Qui, dans les cieux, règnes avec ton Père,
Toi, grand Sauveur, qui, pour briser nos fers,
Vainquis la mort, désarmas les enfers !

8. Environné de gloire et de lumière,
Quand tu viendras juger la terre entière,
Sois-nous propice alors par tes bontés,
A nous, Seigneur, par ton sang rachetés.

9. Tourne, grand Dieu, tourne ton doux visage
Sur ton cher peuple ; il est ton héritage.
Puisque ton sang a lavé ses forfaits,
Avec tes saints rends-le heureux à jamais.

10. Daigne toujours nous garder, nous défendre
De tant de maux qui pourraient nous surprendre ;
Sois notre guide et conduis tous nos pas,
Et fais, Seigneur, qu'ils ne s'égarent pas.

11. De nos péchés détourne ta justice,
Pardonne-nous et vois d'un œil propice
Les affligés qui, dans leurs maux pressants,
Jettent sur toi des regards languissants.

12. C'est sur toi seul, sur ta seule clémence
Que nous fondons toute notre espérance ;
L'homme, Seigneur, qui sur toi fondera
Tout son espoir, jamais ne périra.

13. O roi des rois, ô majesté suprême
De qui les rois tiennent le diadème,
Sur notre roi veille du haut des cieux,
Bénis son règne et rends ses jours heureux.

N° 2.

CANTIQUE 3. — AIR 3.

TE DEUM.

1. Grand Dieu, nous te bénissons,
   Nous célébrons tes louanges ;
   Eternel, nous t'exaltons
   De concert avec les anges,
   Et, prosternés devant toi,
   Nous t'adorons, ô grand roi !

2. Les saints et les bienheureux,
   Les trônes et les puissances,
   Toutes les vertus des cieux
   Disent tes magnificences,
   Proclamant dans leurs concerts
   Le grand Dieu de l'univers.

3. Saint, saint, saint est l'Eternel,
   Le Seigneur, Dieu des armées,
   Son pouvoir est immortel,
   Ses œuvres, partout semées,
   Font éclater sa grandeur,
   Sa majesté, sa splendeur.

4. L'illustre et glorieux chœur
   Des apôtres, des prophètes
   Célèbre le Dieu sauveur
   Dont ils sont les interprètes ;
   Tous les martyrs couronnés
   Chantent ses fidélités.

5. Ton Eglise qui combat,
   Sur la terre répandue,
   Et l'Eglise qui déjà
   A la gloire est parvenue,

Entonne un chant solennel
À Jésus Emmanuel.

6. Tu vins, innocent Agneau,
   Souffrir une mort cruelle ;
   Mais, triomphant du tombeau
   Par ta puissance éternelle,
   Tu détruisis tout l'effort
   De l'enfer et de la mort.

7. Sauve ton peuple, Seigneur,
   Et bénis ton héritage.
   Que ta gloire et ta splendeur
   Soient à jamais son partage !
   Conduis-le par ton amour
   Jusqu'au céleste séjour.

8. Veuille exaucer nos soupirs,
   Seigneur Jésus, fais-nous grâce,
   Veuille accomplir nos désirs,
   Fais briller sur nous ta face.
   Notre espérance est en toi,
   En toi, Jésus, notre roi.

9. Puisse ton règne de paix
   S'étendre par tout le monde !
   Dès maintenant à jamais,
   Que sur la terre et sur l'onde
   Tous genoux soient abattus
   Au nom du Seigneur Jésus !

10. Gloire soit au Saint-Esprit !
    Gloire soit à Dieu le Père !
    Gloire soit à Jésus-Christ,
    Notre époux et notre frère !
    Son immense charité
    Dure à perpétuité.

3. La prodigue nature
   D'une saine pâture
   Nourrit les animaux,
   Et tu pourvois sans cesse
   Au besoin qui les presse
Et dans leur faim et dans leurs maux.

4. Oui, tout ce qui respire
   Atteste ton empire,
   Est l'objet de tes soins.
   Dieu, ta main paternelle
   Ne négligerait-elle
Que tes enfants dans leurs besoins?

5. Mon âme, sois tranquille ;
   L'Eternel, ton asile,
   Prend soin de ton destin,
   Et sa grâce infinie
   Même après cette vie
S'y veut intéresser sans fin.

6. O bonne Providence,
   Je mets ma confiance
   En tes divins décrets :
   J'attends de ta puissance
   Les dons que ta clémence
Prépare à mes justes souhaits.

<hr>

N° 5.

CANTIQUE 34. — AIR 27.

1. Dieu par sa providence
   Dirige notre sort ;
   C'est lui seul qui dispense
   Et la vie et la mort.
   Il est notre défense,
   La source de nos biens ;

Par lui seul l'abondance
Se répand sur les siens.

2. Sans Dieu, notre prudence
Est un fragile appui;
Les talents, l'opulence
Ne peuvent rien sans lui.
Nos mains, notre industrie
Ne sauraient nous nourrir;
De Dieu seul vient la vie,
Dieu seul peut la bénir.

3. Ce bon et tendre père
Veille sur ses enfants;
Il a de ma carrière
Compté tous les instants.
S'il le veut, je prospère,
Soutenu par sa main;
S'il le veut, la misère
S'attache à mon destin.

4. Eternel, ta sagesse
Sait dispenser aux tiens
L'épreuve ou l'allégresse,
Les revers ou les biens.
Elle élève, elle abaisse,
Adoucit nos malheurs,
Et jamais ne délaisse
L'homme dans ses douleurs.

5. Divine Providence,
J'adore tes décrets.
Plein de reconnaissance,
Je chante tes bienfaits.
Tu sais, mieux que moi-même,
Ce qui fait mon bonheur;
Ta sagesse suprême

N° 6.

CANTIQUE 39. — AIR 51.

1. Jésus, Dieu de lumière,
   En qui gît mon espoir,
   Quand tu viens sur la terre,
   Comment te recevoir ?
   Ah ! fais luire à mon âme
   Le flambeau de la foi ;
   Allume en moi la flamme
   Qui doit brûler pour toi.

2. Sion jonche ta voie
   De branches de palmier ;
   Et moi, comblé de joie,
   Je veux psalmodier.
   Je dirai, plein de zèle,
   A l'honneur de ton nom :
   Que Jésus est fidèle !
   Que le Seigneur est bon !

3. Ton amour pour les hommes
   Te porte à les sauver ;
   Egarés que nous sommes,
   Tu viens nous retrouver.
   Lorsque dans la misère
   L'homme était sans espoir,
   Dieu descend sur la terre,
   Le Sauveur se fait voir.

4. J'étais chargé des chaînes
   Du vice et du péché,
   Pauvre, accablé de peines ;
   Tu m'en as arraché.
   J'étais dans l'infamie,

4. Nous pouvons donc aller sans crainte
Au trône du Dieu tout-puissant;
Lui-même il fait cesser la plainte
Du pécheur qui vient repentant.
Mais c'est par Christ qu'on vient au Père,
Et quand on repousse la foi,
On demeure sous la colère
De l'inflexible et sainte loi.

5. Qu'offrir à Dieu pour qu'il détourne
De nos têtes le châtiment?
Pour que vers nous son cœur se tourne,
Suffirait-il d'un peu d'encens?
Nul ne peut rendre Dieu propice
Que Jésus-Christ le rédempteur;
Son sang offert en sacrifice,
Telle est la rançon du pécheur.

6. Approche donc, brebis muette,
Sauveur navré pour nos forfaits,
Accomplis tout, baisse la tête,
En mourant donne-nous la paix.
Nous avons par ta meurtrissure
De nos âmes la guérison;
Quand en ton amour on s'assure,
La mort n'a plus son aiguillon.

7. Que l'on raconte tes louanges,
Sauveur puissant, roi de Sion!
Forme-toi de saintes phalanges
Qui se réclament de ton nom.
Que l'infidèle qui t'ignore,
Brise l'idole de son choix;
Qu'il se prosterne et qu'il t'adore,
Grand Dieu du ciel, Dieu de la croix!

Constant
Et fidèle
Dans mon zèle,
Pour partage
Du ciel j'aurai l'héritage.

N° 8.

CANTIQUE 47. — AIR 33.

1. Alleluia ! Gloire et louanges !
   Car d'une vierge un fils est né.
   Quel est cet enfant que les anges
   Bénissent Dieu d'avoir donné ?
   Il vient de naître en une étable,
   La croix sera son lit de mort ;
   Et cependant c'est l'Admirable,
   Le Tout-Puissant et le Dieu fort [1].

2. Pourquoi descend-il sur la terre
   Enveloppé d'un corps mortel ?
   Vient-il, dans sa sainte colère,
   De Bahal renverser l'autel,
   De quelque moderne Gomorrhe
   Faire périr les habitants,
   Ou peut-être ébranler encore
   Le monde dans ses fondements ?

3. Non, Jésus dans les mains du Père
   A laissé le glaive vengeur.
   Ne tremble plus, pécheur ; espère
   En Dieu fait homme de douleur.
   Il appelle à son alliance
   Le cœur brisé, l'esprit contrit,
   Et dans sa tendre préférence
   Vient au plus humble, au plus petit.

(1) Es. IX, 5.

N° 7.

CANTIQUE 41. — AIR 10.

1. Quel est cet astre radieux
  Qui descend du plus haut des cieux ?
    O Fils du Dieu suprême,
  Tu prends à toi l'humanité,
  Tu voiles ta divinité
    De ma faiblesse extrême.
      Seigneur,
      Mon cœur
      Te réclame ;
      A mon âme
      Fais sans cesse
    Sentir ta vive tendresse.

2. Tout pénétré de ton amour,
  Je chante ta gloire en ce jour,
    O Sauveur de mon âme.
  En t'abaissant jusques à moi,
  Tu m'embrases, Seigneur, pour toi
    D'une céleste flamme.
      Tu fais
      Ma paix ;
      Ta parole
      Me console ;
      Ta souffrance
    M'apporte la délivrance.

3. Par l'effet de sa charité
  Dieu voulut dès l'éternité
    Que son Fils fût mon frère.
  Je m'attache à lui par la foi ;
  Il est mon maître, il est mon roi ;
    Fondé sur lui, j'espère
      Qu'étant

Oter l'ignominie
Qui couvre le pécheur.

5. Que celui qui réclame
Son saint nom dans ce jour,
Grave bien dans son âme
Ce mystère d'amour.
Vous, âmes désolées,
N'ayez plus nulle peur,
Mais soyez consolées :
Vous avez un Sauveur.

6. Que rien ne vous arrête,
Approchez de l'Epoux,
Quand lui-même s'apprête
A s'approcher de vous.
Déjà dans sa parole
Il vous offre sa paix
Et tout ce qui console
Une âme pour jamais.

7. Ne perdez point courage
Dans votre indignité ;
Sauver, c'est son ouvrage ;
Il a tout mérité ;
Il voit votre disette,
Il se plaît à donner,
Il paya votre dette,
Il veut tout pardonner.

8. Si son regard menace
L'impie et le méchant,
Il aime à faire grâce
Au pécheur repentant.
Ah ! soleil de justice,
Source du vrai bonheur,
Sois-nous à tous propice,
Sois à tous un Sauveur.

N° 9.

CANTIQUE 56. — AIR 59.

1. Mon âme, bénis l'Eternel,
   Le Dieu des délivrances ;
Chante de notre Emmanuel
   La vie et les souffrances.
Mystère grand sans contredit !
Dieu, sur toutes choses béni,
   Se fait chair sur la terre ;
Le Dieu qui fit tout de sa main,
Pour racheter le genre humain,
   Devient homme et mon frère.

2. En prêchant le règne de Dieu,
   Sa bonté secourable
Se montre en tout temps, en tout lieu,
   Envers le misérable :
L'aveugle voit, le sourd entend,
Le lépreux est net, l'impotent
   Marche d'un pas agile,
Les morts revivent, les pécheurs
Bienvenus auprès du Sauveur
   Entendent l'Evangile.

3. Ayant enduré mille morts
   D'avance dans son âme,
En offrande il livre son corps
   Pour un supplice infâme.
Jésus, des siens abandonné,
Est lié, jugé, condamné ;
   Il offre son visage
Aux affronts, aux coups, aux crachats
Des Juifs, des païens, des soldats
   Qui redoublent de rage.

4. Orné d'épines, flagellé
   Et vêtu d'écarlate,
Il est au peuple rassemblé
   Présenté par Pilate.
Voilà l'homme! Peut-on le voir
Sans t'attendrir, sans s'émouvoir?
   Quel aspect! Voilà l'homme!
C'est moi qui méritais ce sort,
C'est moi qui suis digne de mort,
   C'est nous tous qui le sommes.

5. Dans la mort de mon créateur
   Je retrouve la vie;
Par ses douleurs et ses langueurs
   Ma pauvre âme est guérie;
Par ses fatigues, ses travaux
Il me procure le repos
   Et son sang m'obtient grâce;
Il fut étranger en ces lieux
Pour me faire, en bourgeois des cieux,
   Avoir chez lui ma place.

6. Sa faiblesse est mon reconfort,
   Sa honte fait ma gloire,
Sa pauvreté fait mon trésor,
   Son combat ma victoire,
Son opprobre fait mon honneur,
Son épuisement ma vigueur,
   Sa soif me désaltère,
Sa faim m'est un doux aliment,
Sa nudité le vêtement
   Qui couvre ma misère.

7. Ses maux, ses tribulations
   Apaisent mes alarmes,
Ses pleurs dans les afflictions
   Adoucissent mes larmes,

Ses liens sont ma liberté,
Par ses cris il est attesté
  Qu'il entend ma prière;
Sa détresse, son abandon
Seront ma consolation
  Au bout de ma carrière.

8. O sainte consolation,
  O source d'allégresse
Que trouve en ta rédemption
  Mon âme pécheresse!
Sois, adorable Emmanuel,
Sois sur la terre et dans le ciel
  A mon âme propice;
Sois toujours présent à mon cœur;
Remplis-moi d'une sainte ardeur
  Pour vivre à ton service.

N° 10.

CANTIQUE 60. — AIR 42.

1. O Christ, j'ai vu ton agonie,
  Et mon âme a frémi d'horreur;
  Oui, tu viens de perdre la vie,
  Et c'est pour moi, pauvre pécheur.

2. A ta mort la nature entière
  Se répand en cris de douleur,
  Le soleil cache sa lumière,
  Les élus pleurent leur Sauveur.

3. Que ta mort, ô sainte victime,
  Soit toujours présente à nos yeux!
  Ton sang peut seul laver le crime,
  Seul il peut nous ouvrir les cieux.

4. O Christ, ta charité profonde
   Touche, pénètre notre cœur;
   Tu meurs pour les péchés du monde;
   Toi seul es notre Dieu Sauveur.

N° 11.

CANTIQUE 64. — AIR 27.

1. C'est Dieu qui se fait homme,
   C'est Dieu qui meurt pour moi ;
   Dieu lui-même consomme
   Mon salut sur la croix.
   Moi, pauvre et misérable,
   Méritais-je jamais
   Que ce Dieu charitable
   Fît à ce prix ma paix?

2. Que ta paix me soutienne
   Dans ce séjour de pleurs,
   Que ta grâce subvienne
   A toutes mes langueurs,
   Jusqu'à ce que je chante
   Dans l'Eglise d'en haut
   Par ton sang triomphante,
   Le cantique nouveau!

N° 12.

CANTIQUE 65. — AIR 35.

1. Puisse cet amour qui te presse
   A verser tout ton sang pour moi,
   Faire brûler mon cœur sans cesse
   Du plus ardent amour pour toi.

Fais que de ton cruel martyre,
De ta sanglante passion
Je garde, tant que je respire,
L'ineffaçable impression.

2. Je me tais. Larmes de tendresse,
Exprimez aux pieds de Jésus
Ce que je sens ; pleurez sans cesse,
Mes yeux, et ne le quittez plus.
Voyez sa pourpre et sa couronne,
Son corps meurtri, sa croix, ses clous,
Le dernier doux regard qu'il donne,
Et dans sa tombe enfermez-vous.

N° 13.

CANTIQUE 68. — AIR 46.

Agneau de Dieu, par tes langueurs
Tu pris sur toi notre misère
Et tu nous fis pour Dieu ton Père
Et rois et sacrificateurs.
Ensemble aussi nous te rendons
Honneur, gloire et magnificence,
Force, pouvoir, obéissance,
Et dans nos cœurs nous t'adorons.
Amen ! amen ! Seigneur, amen !

N° 14.

CANTIQUE 71. — AIR 10.

1. Qu'on entende aujourd'hui, mortels,
De vos cantiques solennels
La sainte mélodie !
Le glorieux chef des chrétiens

De la mort brise les liens
En prince de la vie.
Chantons,
Chantons
Sa victoire !
Que sa gloire
Nous ravisse !
Que son temple en retentisse !

2. Sûrs désormais d'un heureux sort,
Nous ne te craignons plus, ô mort ;
Un Dieu puissant et juste
Te met en ce jour dans les fers,
Et les puissances des enfers
Suivent son char auguste.
Jamais
Leurs traits
Ne confondent
Ceux qui fondent
Leur victoire
Sur ce chef couvert de gloire.

3. Jésus-Christ en ressuscitant
A nos cœurs devient le garant
D'une éternelle vie ;
Avec Dieu réconcilié
Le fidèle justifié
En lui seul se confie.
Il croit,
Il voit
Sa tendresse,
Sa richesse,
Sa puissance
Accomplir son espérance.

4. Qui condamnera désormais
Le chrétien dont l'heureuse paix

Sur Jésus-Christ repose ?
Qui condamnera les élus
A qui la grâce de Jésus
   Tient lieu de toute chose ?
     Il peut,
     Il veut,
     O fidèle
     Dont le zèle
     Persévère,
   T'environner de lumière.

5. Jésus triomphe de la mort,
Il brise le sépulcre, il sort
   De ses ombres funèbres.
Sachons l'imiter constamment,
Brisons le joug humiliant
   Du vice et des ténèbres.
     Chantons,
     Chantons
     Sa victoire !
     Que sa gloire
     Nous ravisse !
   Que son temple en retentisse !

N° 15.

CANTIQUE 79. — AIR 47.

1. A celui qui nous a sauvés
Et dont le sang nous a lavés,
Soit empire et magnificence !
D'esclaves il nous a faits rois ;
Rendons à ses divines lois
Une parfaite obéissance.

2. Célébrons tous la charité

De ce Sauveur ressuscité
Et disons avec les saints anges :
Digne est l'Agneau de recevoir
Hommage, honneur, force, pouvoir,
Gloire, richesses et louanges.

N° 16.

CANTIQUE 82. — AIR 53.

1. O roi des cieux
   Qui, glorieux,
Remontas de la terre,
   Nous t'adorons
   Et nous t'offrons
Notre ardente prière.

2. Grand rédempteur,
   Par ta faveur
Ranime et fais revivre
   La foi des tiens ;
   Guide et soutiens
Nos efforts pour te suivre.

3. Toujours à toi,
   O divin roi,
S'élèveront nos âmes,
   A toi qui fais
   Des tiens la paix
Et qui leurs cœurs enflammes.

4. Notre bonheur
   Est, ô Sauveur,
De t'aimer, de te plaire,
   En observant
   Fidèlement
Ta trace salutaire.

5. Vivant en paix
  Par tes bienfaits,
Sauveur tendre et fidèle,
  Nous te suivrons,
  Nous chanterons
Ta louange immortelle.

6. Rends notre amour
  De jour en jour
Plus pur et plus sincère.
  O Jésus-Christ,
  Que ton Esprit
Dans nos âmes opère !

7. Donne, ô Seigneur,
  A notre cœur
Ta céleste sagesse,
  Et que tes soins
  Dans nos besoins
Nous rassurent sans cesse !

8. Jésus, sois-nous
  Propice et doux ;
Que ton pouvoir céleste
  Sur tes sujets,
  O roi de paix,
Toujours se manifeste !

9. Par ta faveur,
  Divin Sauveur,
Unis à ta victoire,
  Nous espérons
  Que nous aurons
Un jour part à ta gloire.

N° 17.

CANTIQUE 86. — AIR 24.

1. Oui, pour son peuple Jésus prie ;
Prêtons l'oreille à ses soupirs ;
Qu'à sa voix notre âme attendrie
Réponde par de saints désirs !
Dans les hauts lieux, brillant de gloire,
Il est entré victorieux,
Et sur l'autel expiatoire
Il offre son sang précieux.

2. Oui, pour mon âme Jésus prie,
Et son Saint-Esprit jusqu'à moi
Descend comme un fleuve de vie
Où s'abreuve ma sainte foi.
A son enfant, auprès du Père,
Son cœur obtient un doux pardon,
Et, pour m'aider dans ma misère,
Sa voix réclame un nouveau don.

3. Oui, pour son peuple Jésus prie.
Bien-aimés, sans crainte approchez,
Venez ; sa prière est bénie,
Elle couvre tous vos péchés.
Oh ! quel amour il nous témoigne !
Pour nous jamais son œil ne dort.
Qu'à sa requête aussi se joigne
De notre amour le saint transport !

4. Oui, pour l'Eglise Jésus prie.
Satan, le monde vainement
Contre nous liguent leur furie ;
Jésus combat fidèlement.
Du mépris, de l'ignominie
Ne craignons pas le vain assaut ;

Que nous importe ? Jésus prie.
La paix du cœur nous vient d'en haut.

5. Oui, pour les tiens, Jésus, tu pries ;
   Qu'il nous est doux de le savoir !
   Ainsi, Seigneur, tu nous convies
   A mettre en toi tout notre espoir.
   Par la vertu de ta prière
   Fais-nous marcher remplis d'ardeur ;
   -Pour te bénir, notre âme entière
   S'élève à toi, puissant Sauveur.

N° 18.

CANTIQUE 99. — AIR 59.

1. Demeure par ta grâce
   Avec nous, Dieu sauveur ;
   Quoi que l'ennemi fasse,
   Protége notre cœur.

2. Maintiens-nous ta parole,
   O Jésus, ici-bas ;
   Qu'elle soit la boussole
   Qui dirige nos pas !

3. Eternelle lumière,
   Que ta vive splendeur
   Nous guide, nous éclaire
   Et nous garde d'erreur !

4. Augmente-nous tes grâces,
   Ta bénédiction ;
   Fais-nous suivre tes traces
   Et bénir ton saint nom.

5. Prends-nous sous ta tutelle
   Et demeure à jamais
   Avec nous, Dieu fidèle,
   Pour nous donner ta paix.

N° 19.

CANTIQUE 102. — AIR 60.

1. Je men tiens à la doctrine
   Contenue aux saints écrits ;
   Je sens sa force divine ;
   Tout mon cœur en est épris.

2. Oh ! que mon âme est ravie
   Des paroles du Seigneur
   Et de l'aimable harmonie
   De la Bible avec mon cœur !

3. Parle, Seigneur, je t'écoute
   En docile serviteur ;
   Je crois tout sans aucun doute,
   Car tu m'as ouvert le cœur.

4. Voici mon cœur, je le livre
   Tel qu'il est, Seigneur, à toi :
   Pour toi, Jésus, je veux vivre,
   Pour toi, qui mourus pour moi.

N° 20.

CANTIQUE 113. — AIR 20.

1. Jésus à sa table sacrée
   Daigne m'inviter aujourd'hui.
   Mon âme est-elle préparée ?
   Puis-je paraître devant lui ?

Il est mon roi, le saint des saints ;
Il sonde les cœurs des humains.

2. Mon esprit alarmé se trouble
Et mon cœur est saisi d'effroi.
Ah ! Seigneur, ma frayeur redouble ;
Qui suis-je pour m'unir à toi ?
Un homme, un malheureux pécheur
Peut-il prétendre à ce bonheur ?

3. Non, Jésus, je ne suis pas digne
De ton amour, de tes faveurs.
Mais ta bonté, ta grâce insigne
Dissipe mes justes frayeurs.
Par le sang que tu répandis,
Mes péchés me seront remis.

4. Quand j'ose appliquer à mon âme
Tes saints mérites par la foi,
Je sens ton amour qui m'enflamme ;
Tout mon désir est d'être à toi.
Je te dois mon plus grand bonheur,
Je te dois la paix de mon cœur.

5. Trésor qui passe mon attente,
O prix de ma rédemption,
Breuvage exquis, manne excellente !
Pour gage de l'adoption,
Jésus dans la Cène offre aux siens
Son corps, son sang et tous ses biens.

6. Accorde-moi toujours ta grâce,
O rédempteur de l'univers.
Pour toi je brave la menace
Et du malin et des enfers.
Oui, je suis sûr de mon bonheur
Quand Jésus habite en mon cœur.

7. Pour moi Jésus donna sa vie,
   Jésus ressuscita pour moi ;
   Il établit l'eucharistie
   Pour servir de gage à ma foi.
   Il m'appartient, je suis à lui ;
   Il est mon espoir, mon appui.

N° 21.

CANTIQUE 118. — AIR 33.

1. O Jésus, dans ta bergerie
   Introduis tes heureux troupeaux.
   Garde ton Eglise chérie
   Et nous pais comme tes agneaux.
   Que tous les enfants de lumière,
   Remplis de ton Esprit d'amour,
   S'entr'aiment partout sur la terre
   Jusqu'au moment de ton retour !

2. Alors, ressuscités en gloire,
   Les saints, ton peuple racheté,
   Triomphant tous par ta victoire,
   Contempleront ta majesté.
   Aussi purs que le sont les anges,
   Unis à ta divinité,
   Nous célébrerons tes louanges
   Dans l'éternelle charité.

3. Que cette sublime espérance,
   Chrétiens, bien-aimés du Seigneur,
   Sur nous agisse avec puissance,
   Et n'ayons tous qu'un même cœur !
   Bientôt la céleste patrie
   Nous réunira pour jamais ;
   Passons donc ici-bas la vie
   Dans la foi, l'amour et la paix.

N° 22.

CANTIQUE 119. — AIR 50.

1. Que sont beaux sur les montagnes
   Les pieds de tes serviteurs
   Qui parcourent les campagnes
   Prêchant la grâce aux pécheurs !
   O délicieuse vie
   D'un serviteur de Jésus
   Qui pour son maître s'oublie
   En annonçant ses vertus !

2. Libre de toute autre chaîne,
   Le chrétien qui sert son Dieu,
   Dans la souffrance et la peine
   Suit son modèle en tout lieu.
   Il faut qu'en vivante offrande
   Il s'offre pour son Sauveur ;
   C'est là ce que Dieu demande
   D'un fidèle serviteur.

3. Oui, pour croire, il faut entendre
   La nouvelle du salut ;
   Aucun cœur ne peut se rendre
   Sans vrai motif et sans but.
   Mais il faut que l'Evangile
   Soit accepté du pécheur,
   Pour qu'il prête un cou docile
   Au doux joug de son Sauveur.

4. Ainsi, témoins de la grâce,
   Pour remplir ce but divin,
   Allez donc de place en place
   Convier au grand festin
   Qui ? ces âmes indomptables,
   Ces mondains bouffis d'orgueil ?

Non, les pécheurs misérables
Qui sur leurs maux mènent deuil.

5. Dites au cœur débonnaire
Que Christ est sa guérison,
Et que sa mort salutaire
Détruit le mortel poison.
Annoncez au cœur timide,
Au pécheur contrit, brisé,
Que Christ fait d'un cœur aride
Un cœur de grâce arrosé.

6. Aux cœurs accablés de peines,
Tremblants au seul nom de mort,
Aux cœurs qui, chargés de chaînes,
N'attendent qu'un triste sort,
Dites que Dieu dans sa grâce
Donna son Fils aux pécheurs,
Et que sa mort efficace
Leur mérita ses faveurs.

7. Ministres de l'alliance,
Sacrificateurs et rois,
Prêchez de Dieu la clémence,
Du Christ les douleurs en croix.
Un prédicateur s'abuse
S'il prêche un autre Sauveur.
Anathème à qui refuse
De l'annoncer au pécheur !

N° 23.

CANTIQUE 129. — AIR 36.

1. Seigneur mon Dieu, ma conscience
Me convainc de mille péchés ;

J'en ai commis par ignorance,
Et combien qui me sont cachés !

2. J'en ai fait souvent par malice,
Dont je connais l'énormité.
O mon Dieu, je crains ta justice
Et j'implore ta charité.

3. Tu ne veux pas qu'aucun périsse,
Mais tu commandes au pécheur
Qu'il te craigne et se convertisse ;
Convertis-moi donc, ô Seigneur !

4. Je connais que tout me convie
A me repentir promptement,
La fragilité de ma vie,
La mort, l'enfer, le jugement,

5. Ta juste et sévère vengeance,
Tes grâces, tes biens infinis,
Ta charité, ta patience
Et surtout le don de ton Fils.

6. Mais, hélas ! je suis insensible
Aux doux effets de ta bonté ;
J'ai même été trop inflexible
Aux coups de ta sévérité.

7. Mon cœur est plus dur que la pierre,
Il ne prend plaisir qu'à pécher,
Il n'est attaché qu'à la terre ;
Brise, ô Dieu, ce cœur de rocher.

8. Pardonne, Seigneur, fais-moi grâce
Pour l'amour de mon rédempteur ;
J'ai recours à lui, je l'embrasse
Comme mon unique Sauveur.

9. Dans mon cœur imprime la crainte
De ta divine majesté,

Et que désormais ta loi sainte
Règle toujours ma volonté !

10. Suprême auteur de la nature,
Source féconde de tout bien,
Fais-moi nouvelle créature :
Sans ton secours je ne puis rien.

N° 24.

CANTIQUE 138. — AIR 38.

1. Dieu tout bon, fais que je sente
Mes péchés profondément,
Qu'aujourd'hui je m'en repente
Devant toi sincèrement.
Tu nous sauves par la foi ;
O Seigneur, je viens à toi.
Que mon âme recueillie
Et gémisse et s'humilie !

2. Dieu très saint, je te confesse,
Les péchés que j'ai commis.
Appuyé sur ta promesse,
Je crois qu'ils me sont remis.
En Jésus-Christ, par la foi,
Viens me réunir à toi.
Que ton Esprit m'affermisse
Aux sentiers de la justice !

N° 25.

CANTIQUE 140. — AIR 20.

1. Malheureux esclave du vice,
Devant Dieu me voici présent.

Mon Dieu, mon Dieu, sois-moi propice,
Envers moi daigne être clément.
O mon Dieu, mon père et mon roi,
Prends pitié, prends pitié de moi.

2. Plus de paix, quand je me retrace
L'état de mon cœur corrompu.
Ah ! que de toi j'obtienne grâce,
Moi pauvre, pauvre enfant perdu !
O mon Dieu, mon père et mon roi,
Prends pitié, prends pitié de moi.

3. Ecoute mon cri lamentable,
O toi que j'aime, ô Dieu tout bon,
Et daigne à mon âme coupable
Parler de paix et de pardon.
O mon Dieu, mon père et mon roi,
Prends pitié, prends pitié de moi.

4. Est-ce en vain qu'en toi seul j'espère ?
N'entends-tu pas ? n'entends-tu pas ?
Serais-tu sourd à ma prière ?
Me fermerais-tu donc tes bras ?
O mon Dieu, mon père et mon roi,
Prends pitié, prends pitié de moi.

5. Je le sens, la plaie est profonde ;
Le monde ne peut la guérir.
Grâce, ô Dieu ! Que ta grâce abonde !
Par mes cris laisse-toi fléchir.
O mon Dieu, mon père et mon roi,
Prends pitié, prends pitié de moi.

6. Hélas ! pécheur, que puis-je attendre ?
Rien qu'un trop juste châtiment.
Mais à mes vœux daigne te rendre ;
Miséricorde à ton enfant !

O mon Dieu, mon père et mon roi,
Prends pitié, prends pitié de moi.

7. Ah! dis un mot, j'aurai la vie ;
Dis à mon cœur humble et contrit :
Tous tes péchés, je les oublie ;
Ma grâce seule te suffit.
O mon Dieu, mon père et mon roi,
Prends pitié, prends pitié de moi.

8. Plus de doute, ma paix est faite,
Le calme renaît dans mon cœur.
De mon pardon voici la fête ;
Cesse, mon âme, ta clameur.
O mon Dieu, mon père et mon roi,
Prends pitié, prends pitié de moi.

N° 26.

CANTIQUE 153. — AIR 52.

1. Le Fils de Dieu, ce bon berger,
Aimant sa créature
D'un amour qui ne peut changer,
D'un amour sans mesure,
Dans un profond abaissement
S'offrit à notre vue,
En peine, en travail, en tourment
Pour sa brebis perdue.

2. Il vint en homme de douleur
Pressé de sa tendresse,
Doux, patient, humble de cœur,
Abattu de tristesse,
Occupé de mille soucis ;
D'une ardeur assidue

Il cherchait sa pauvre brebis
Egarée et perdue.

3. Ma pauvre âme est cette brebis
Perdue et retrouvée,
Qui sent maintenant à quel prix
Son Jésus l'a sauvée.
Pour elle il souffrit le trépas ;
Pour lui seul je veux vivre
Et ne plus rien faire ici-bas
Que l'aimer et le suivre.

N° 27.

CANTIQUE 158. — AIR 11.

1. Celui qui croit au Fils, a la vie éternelle ;
L'Esprit saint le témoigne à son âme immortelle.
Par la foi tout pécheur de la mort est sauvé ;
Jadis il fut perdu, mais il est retrouvé.

2. Du dernier jugement il n'a plus rien à craindre,
Ni la loi ni l'enfer n'ont plus droit de l'atteindre.
Brebis du bon berger, dans des bercails herbeux
Il va paître en repos près de lui, sous ses yeux.

3. Son âme d'aucun bien ne peut avoir disette ;
Son berger nuit et jour la tient sous sa houlette
Et par le Saint-Esprit son cœur renouvelé
A vivre pour son Dieu sent qu'il est appelé.

4. Dans cette adoption et sous ce joug facile,
ans peine à son Sauveur il se montre docile.
Il n'est pas orphelin, son père est toujours près,
C'est sa voix qui le guide et l'entoure de paix.

5. Dans ses tentations, Jésus, quoique invisible,
Viendra le soutenir de son bras invincible,

Et le mal n'aura plus de domination
Sur cet élu, vainqueur de la corruption.

6. Non, la vie et la mort, et le ciel et la terre
Ne pourront l'arracher de la main de son père
Ni le priver jamais de l'éternel bonheur
Que lui prépare au ciel son tout-puissant Sauveur.

N° 28.

CANTIQUE 159. — AIR 50.

Rien, ô Jésus, que ta grâce,
Rien que ton sang précieux
Qui seul mes péchés efface,
Ne me rend saint, juste, heureux.
Ne me dites autre chose
Sinon qu'il est mon Sauveur,
L'auteur, la source et la cause
De mon éternel bonheur.

N° 29.

CANTIQUE 165. — AIR 11.

1. Les troupeaux du Sauveur, épris de sa tendresse,
N'entendent que sa voix et la suivent sans cesse;
L'Agneau qui les conduit, les remplit de douceurs;
Il établit son trône au dedans de leurs cœurs.

2. Il ne leur manque rien dans son gras pâturage,
Sa chair devient leur viande[1] et son sang leur breuvage,

(1) Jean, VI, 55; ancienne traduction. — 1 Cor., X, 3.

Ce tendre et bon pasteur les porte dans son sein,
Son ravissant regard les réjouit sans fin.

3. Ils n'appréhendent rien, car leur pasteur fidèle
Les garde nuit et jour par sa grâce éternelle.
S'il se cache un instant, c'est pour les enflammer
D'un nouveau feu pour lui, qui ne peut s'exprimer.

4. Pour tous ces grands bienfaits leurs cœurs pleins d'allégresse
Dans des transports d'amour le bénissent sans cesse
Et, brûlant à l'envi d'une céleste ardeur,
Ils chantent les bontés de leur tendre pasteur.

5. On les entend partout se dire l'un à l'autre :
Quel fidèle pasteur est comparable au nôtre ?
Adorons notre Dieu, notre adorable Agneau
Qui mit son sang, sa vie et tout pour son troupeau.

6. Si l'une des brebis du troupeau se sépare,
Ce tendre et bon berger suit celle qui s'égare ;
Il la cherche partout, dans les monts, dans les bois,
L'appelle par son nom d'une amiable voix.

7. La voyant revenir, tout rempli d'allégresse
Il la prend dans ses bras, la baise avec tendresse
Et sans lui reprocher tous ses égarements :
Reste avec moi, dit-il, je t'aime tendrement.

8. Ayant des ennemis reçu quelques blessures,
Il la panse aussitôt, guérit ses meurtrissures
Et la ramène enfin, triomphant et joyeux,
Parmi son cher troupeau, dans son parc bienheureux.

9. Et toi, pauvre brebis, chancelante et craintive,
Cours à ce bon pasteur, à la source d'eau vive.
Ah ! s'il veut bien chercher la brebis qui le fuit,
Ne recevrait-il pas celle qui le poursuit ?

10 . C'est pour te racheter qu'il a voulu répandre
Tout son précieux sang par un amour si tendre.
Ton Dieu, ton rédempteur, ton frère et ton époux
Eteignit par son sang les flammes du courroux.

11. Pourquoi craindre toujours, quand son amour extrême
Te dit cent et cent fois qu'il te cherche et qu'il t'aime
Et que, pour te sauver du tourment éternel,
Il est mort sur la croix ainsi qu'un criminel ?

12. Les désirs de ton cœur pour ce Sauveur aimable,
Qui font que tu gémis de te voir si coupable,
Ce sont de ses présents, c'est lui qui les produit.
Pourrait-il rejeter les fruits de son Esprit ?

N° 30.

CANTIQUE 166. — AIR 51.

1. Non, rien en ma personne
N'est digne d'être aimé :
Ce que Jésus me donne
Peut seul être estimé.
Jésus est ma justice,
Ma gloire, mon appui ;
Il m'aime, il m'est propice,
Et je puis tout par lui.

2. Nul ne peut à mon âme
Disputer son bonheur.
De l'enfer, de sa flamme
Je ne sens nulle peur.
Le Seigneur, juste juge,
Est mon plus tendre ami,
Son cœur est le refuge
Où je suis garanti.

3. Son Esprit qui réside
   Au temple de mon cœur,
   Est mon conseil, mon guide,
   Ma garde, mon tuteur.
   Quand je ne sais que dire,
   Il forme mes désirs;
   Il m'instruit, il m'inspire
   D'ineffables soupirs.

4. Cet Esprit qui console,
   Dit à mon cœur chargé
   Cette douce parole :
   Tu seras soulagé;
   Il est un tabernacle
   Où, pour jamais heureux,
   Tu verras sans obstacle
   La face de ton Dieu.

5. Dans la sainte demeure
   Le lieu m'est préparé;
   En quel temps que je meure,
   Le ciel m'est assuré.
   Suis-je dans la souffrance,
   Il adoucit mes pleurs;
   Sa divine présence
   Soulage mes douleurs.

6. Oui, malgré la tempête,
   Jésus, à qui je suis,
   Toujours sous sa houlette
   Gardera sa brebis.
   Dussé-je pour mon maître
   Perdre tout ici-bas,
   A lui seul je veux être;
   Je ne le quitte pas.

7. Si le monde présente
   A mes yeux, à mon cœur

Sa pompe séduisante,
Je regarde au Sauveur.
Et fût-ce un ange même
Qui voulût me tenter,
Du sein de Dieu qui m'aime
Il ne pourrait m'ôter.

8. De saints transports de joie
Se saisissent de moi,
Je vois clair dans ma voie
Et j'y marche avec foi.
Jésus est la lumière
Qui sur mon cœur reluit,
L'étoile matinière
Qui dissipe la nuit.

N° 31.

CANTIQUE 168. — AIR 35.

1. C'est moi, c'est moi qui vous console,
A dit l'Eternel aux pécheurs.
Frères, croyons à la parole
Qu'il adresse à nos pauvres cœurs.
Il veut verser sur nos blessures
L'huile et le vin de son amour
Et sur ses faibles créatures
Faire lever un nouveau jour.

2. La paix dont le Seigneur inonde
Les âmes de ses serviteurs,
N'est pas la paix d'un triste monde
Dont les ris sont mêlés de pleurs.
La paix dont il dit : Je la donne,
Subsiste dans les jours mauvais ;
C'est une immortelle couronne
Que rien ne flétrit, c'est sa paix.

3. Sa paix ! Sais-tu ce qu'il en coûte
   Au Fils de Dieu pour te l'offrir ?
   Sais-tu par quelle sombre route
   Il passa pour te secourir ?
   Quittant sa céleste demeure,
   Sais-tu ce que le roi des rois
   Pour nous a souffert, d'heure en heure,
   De la crèche jusqu'à la croix ?

4. Va le demander au Calvaire
   Où le rejeton d'Isaï
   Reçut le terrible salaire
   Des contempteurs de Sinaï.
   Jésus a vidé le calice,
   Dieu tout puissant, pour t'apaiser ;
   En lui la paix et la justice
   S'unissent par un saint baiser.

5. Que la paix coule comme un fleuve
   Qui porte au loin ses grandes eaux,
   Et que mon âme s'en abreuve
   Comme un agneau près des ruisseaux !
   Du haut de ta sainte montagne
   Répands-la selon nos souhaits,
   Et que ton Esprit l'accompagne,
   Roi de Salem, prince de paix !

N° 32.

CANTIQUE 171. — AIR 70.

1. Que ne puis-je, ô mon Dieu, Dieu de ma délivrance,
   Remplir de ta louange et la terre et les cieux,
   Les prendre pour témoins de ma reconnaissance
   Et dire au monde entier combien je suis heureux !

2. Heureux quand je t'écoute et que cette Parole
   Qui dit : « Lumière, sois ! » et la lumière fut,
   S'abaisse jusqu'à moi, m'instruit et me console,
   Et me dit : « C'est ici le chemin du salut. »

3. Heureux quand je te parle et que, de ma poussière,
   Je fais monter vers toi mon hommage et mon vœu,
   Avec la liberté d'un fils devant son père
   Et le saint tremblement d'un pécheur devant Dieu.

4. Heureux lorsque ton jour, ce jour qui vit éclore
   Ton œuvre du néant et ton Fils du tombeau,
   Vient m'ouvrir les parvis où ton peuple t'adore,
   Et de mon zèle éteint rallumer le flambeau.

5. Heureux quand sous les coups de ta verge fidèle,
   Avec amour battu je souffre avec amour,
   Pleurant, mais sans douter de ta main paternelle,
   Pleurant, mais sous la croix, pleurant, mais pour un jour.

6. Heureux lorsqu'attaqué par l'ange de la chute,
   Prenant la croix pour arme et l'Agneau pour Sauveur,
   Je triomphe à genoux et sors de cette lutte
   Vainqueur, mais tout meurtri, tout meurtri, mais vainqueur.

7. Heureux, toujours heureux ! J'ai le Dieu fort pour père,
   Pour frère Jésus-Christ, pour guide l'Esprit saint.
   Que peut ôter l'enfer, que peut donner la terre
   A qui jouit du ciel et du Dieu trois fois saint ?

N° 33.

CANTIQUE 178. — AIR 50.

1. Simplicité désirable,
   Chef-d'œuvre de l'Esprit saint,
   Qu'avec toi l'on est aimable,
   Heureux, tranquille et serein !

On n'a de bien, de richesse,
De repos, de liberté,
De force ni de sagesse
Que dans la simplicité.

2. L'âme n'est gaie et contente
Que dans la simplicité ;
Sans elle l'on se tourmente
De mille difficultés.
Une chose est nécessaire,
Nous a dit la vérité ;
Avoir cette unique affaire,
C'est là la simplicité.

3. Un cœur simple ne s'attache
Qu'à l'amour de son Sauveur,
Rien au monde ne l'arrache
De ce centre de bonheur.
Jésus est l'objet unique
Auquel la simplicité
Se plaît, se livre et s'applique ;
C'est ce qui fait sa beauté.

4. Mais quels sont les caractères
De cette simplicité
Si précieuse et si chère ?
Venez, sages, écoutez :
N'avoir de goût ni de joie
Que pour Jésus et sa voix,
En tous lieux suivre sa voie
Et se charger de sa croix,

5. Ne chercher dans la faiblesse
D'assistance qu'en son sang,
Et ne soupirer sans cesse
Qu'après ce saint élément,
Vouloir tout ce qu'il ordonne,

Ne pouvoir que ce qu'il veut,
N'avoir rien que ce qu'il donne,
Mais oser tout ce qu'on peut,

6. S'oublier enfin soi-même
D'amour pour ce Dieu Sauveur
Et perdre en celui qu'on aime
Et la joie et la douleur,
Telle est la douce misère
Et la riche pauvreté
Dont je désire de faire
Toute ma félicité.

N° 34.

CANTIQUE 190. — AIR 67.

1. Chrétiens, qui voulez apprendre
A bien servir le Seigneur,
Ne vous laissez pas surprendre
Aux piéges du tentateur.
Combattre est votre partage;
Résistez avec courage
A vos désirs vicieux
Pour régner un jour aux cieux.

2. Si le péché vous présente
Ses appas voluptueux,
Ah! pleins d'une horreur constante,
Détournez soudain les yeux.
Fuyez, c'est votre victoire;
Fuyez, conservez la gloire
Que peut perdre en un instant
Le cœur le plus innocent.

3. Qui présume de ses forces
Au moment d'être tenté,

[Cède bientôt aux amorces
D'une indigne volupté.
Ah ! sentez votre impuissance,
De Dieu cherchez l'assistance,
Il est votre unique appui,
Vous pourrez tout avec lui.

4. Le Tout-Puissant vous regarde,
Il se tient à vos côtés,
Il vous défend, il vous garde
Tandis que vous combattez.
Poursuivez avec constance,
Contemplez la récompense,
Combattez jusqu'à la fin ;
La couronne est dans sa main.

N° 35.

CANTIQUE 198. — AIR 83.

1. Levons-nous, frères, levons-nous,
Car voici notre maître.
Il est minuit, voici l'Epoux,
Jésus-Christ va paraître.

2. Avec les siens il vient régner
Et délivrer l'Eglise.
Bientôt il va la couronner
De la gloire promise.

3. Ne crains donc point, petit troupeau,
Toi que chérit le Père.
Que toujours la croix de l'Agneau
Soit ta seule bannière !

4. Et si le monde est contre toi,
Ses mépris sont ta gloire.

L'amour, l'espérance et la foi
Te donnent la victoire.

5. Gloire à Jésus-Christ, mon Sauveur !
Car en lui seul j'espère.
Heureux celui qui, dans son cœur,
L'adore et le révère !

N° 36.

CANTIQUE 201. — AIR 73.

1. Travaux, douleurs et train de guerre
Sont du chrétien la sûre part ;
Mais Jésus a vu sa misère,
Il est sa force et son rempart.

2. Je vois qu'en vain mon âme espère
De se dépouiller du péché ;
Mais, Jésus, tu vois ma misère
Et pour moi ton cœur est touché.

3. Je crois souvent qu'à ma prière
Dieu, courroucé, ne répond plus ;
Mais, Jésus, tu vois ma misère,
Je ne crains donc aucun refus.

4. Souvent aussi je trouve amère
La coupe que m'offre la foi ;
Mais, Jésus, tu vois ma misère
Et je ne la bois qu'après toi.

5. Souvent encor mon cœur diffère
De s'approcher de son Sauveur ;
Mais, Jésus, tu vois ma misère
Et tu supportes ma lenteur.

6. Ainsi, Seigneur, mon Dieu, mon père,
  Je regarde à toi chaque jour ;
  Puisque tu connais ma misère,
  Je reste en paix dans ton amour.

N° 37.

CANTIQUE 211. — AIR 50.

1. O Dieu, toute ma prière
  Et mon vœu le plus ardent,
  C'est qu'en toi je trouve un père
  Et que je sois ton enfant.
  Déjà je sais que la vie
  N'est heureuse qu'en ta paix,
  Qu'autrement elle est remplie
  De fautes et de regrets.

2. Que ta puissance m'attire
  A Jésus, notre Sauveur !
  C'est à lui que je désire
  De consacrer tout mon cœur.
  Que ton Esprit me remplisse
  D'une pure et vive foi,
  Et que mon âme obéisse,
  Seigneur, à ta sainte loi !

N° 38.

CANTIQUE 218. — AIR 59.

1. Mon salut, ma lumière,
  Source des dons parfaits,
  Seigneur, toute la terre
  Jouit de tes bienfaits.

2. Tous les êtres s'attendent
   A ta gratuité;
   Sur tous tes soins s'étendent,
   O Dieu de charité.

3. De toi, bonté suprême,
   Me vient tout mon bonheur.
   N'ayant rien par moi-même,
   Je t'offrirai mon cœur.

4. Reçois le sacrifice
   De mes plus chers penchants;
   Je voue à ton service,
   Seigneur, tous mes instants.

5. A t'aimer, à te plaire,
   A pratiquer ta loi
   Je m'applique, ô mon père.
   Toi-même assiste-moi.

6. Des prestiges du monde
   Garde mon faible cœur.
   Que ton Esprit seconde
   Ma pieuse ferveur!

N° 39.

CANTIQUE 219. — AIR 50.

O Dieu, s'il faut qu'on te craigne,
Tu veux surtout être aimé :
Être aimé, voilà ton règne;
Ta gloire, c'est d'être aimé.
Qu'à toi seul mon cœur se livre
Et qu'il répète à jamais :
T'aimer, ô Seigneur, c'est vivre;
Fais-moi vivre, ô Dieu de paix !

N° 40.

CANTIQUE 253. — AIR 7.

1. Au Sauveur j'abandonne
   Ma vie et ma personne,
   Mes projets et mes vœux.
   Sans lui rien ne prospère,
   Sans mon céleste père
Rien ne saurait me rendre heureux.

2. Oui, de sa providence
   Avec reconnaissance
   Je veux tout accepter.
   Ce qu'il lui plaît de faire,
   M'est toujours salutaire.
Cesse, mon cœur, de t'agiter.

3. Je reçois avec joie
   Tout ce que Dieu m'envoie,
   Et, dans l'adversité,
   Quand sa main me châtie,
   Du Dieu qui m'humilie,
Je respecte la volonté.

4. J'attends tout de sa grâce
   Constamment efficace
   Pour qui regarde à lui ;
   Quand le péril me presse,
   Il connaît ma détresse
Et se déclare mon appui.

5. Oui, mon âme est tranquille.
   O mon Dieu, mon asile,
   Tu m'as pris par la main.
   Je sais que cette vie
   Pour moi sera suivie
D'un parfait repos dans ton sein.

N° 41.

CANTIQUE 273. — AIR 53.

1. Jour du Seigneur,
    J'ouvre mon cœur
A ta douce lumière.
    Jour solennel,
    A l'Eternel
Consacre ma prière.

2. Dieu tout-puissant,
    Dieu bienfaisant,
J'ai besoin de ta grâce.
    Eclaire-moi,
    Soutiens ma foi ;
Je viens chercher ta face.

3. Ta vérité,
    Ta charité
Brillent dans ta parole.
    Seule elle instruit,
    Guide et conduit
    Notre âme et la console.

4. J'entends ta voix ;
    Tes saintes lois
Ne sont pas difficiles.
    Viens les graver,
    Les conserver
Dans des âmes dociles.

5. Que ton Esprit,
    O Jésus-Christ,
Habite dans notre âme !
    Que ton amour
    Et nuit et jour
L'embrase de sa flamme !

N° 42.

CANTIQUE **276.** — AIR **110.**

1. Jéhovah, Jéhovah,
   Croire en toi, c'est la vie ;
   Augmente-nous la foi.
   Amen ! amen !
O Père, ô puissant créateur,
 O Jésus, clément Sauveur,
   Esprit de lumière,
Que nos cœurs soient ton sanctuaire !
Alleluia ! alleluia !

2. Jéhovah, Jéhovah,
   Vivre en toi, c'est la vie,
   Vivre en toi, c'est t'aimer.
   Amen ! amen !
Tu nous sauves par ton amour.
 Fais, Seigneur, fais qu'à son tour
   Notre âme affranchie
Par son amour te glorifie.
Alleluia ! alleluia !

3. Jéhovah, Jéhovah,
   T'obéir, c'est la vie ;
   Grave en nos cœurs ta loi.
   Amen ! amen !
Fais qu'en vrais citoyens des cieux,
 Sobres, justes et pieux,
   Déjà sur la terre
Nous marchions tous à ta lumière.
Alleluia ! alleluia !

4. Jéhovah, Jéhovah,
   Espérer, c'est la vie ;

Notre espoir est en toi.
Amen ! amen !
Rends-nous, ô Dieu, plus que vainqueurs.
En toi s'assurent nos cœurs.
Qu'un jour dans ta gloire,
Au ciel nous ayons la victoire !
Alleluia ! alleluia !

N° 43.

CANTIQUE 301. — AIR 59.

1. Chaque jour de ma vie,
   Je veux dire au Seigneur :
   Apprends-moi, je te prie,
   A te donner mon cœur.

2. Quand le matin commence,
   Je veux dire au Seigneur :
   Tiens-moi dans ta présence,
   O mon Dieu, mon Sauveur.

3. Souvent dans la journée
   Je veux dire au Seigneur :
   Toi qui me l'as donnée,
   Montre-m'en la valeur.

4. Et quand vient la nuit sombre,
   Je veux dire au Seigneur :
   Que mon âme en son ombre
   T'ait pour son protecteur.

5. Oui, toujours sur la terre
   Je veux dire au Seigneur :
   Que vivre pour te plaire
   Soit, ô Dieu, mon bonheur !

N° 44.

CANTIQUE 303. — AIR 36.

1. Source de lumière et de vie,
   Mon Dieu, mon Seigneur et mon roi,
   J'implore ta grâce infinie;
   Dès le matin exauce-moi.

2. Pardonne-moi par ta clémence
   Tous les péchés que j'ai commis,
   En m'imputant l'obéissance
   De mon rédempteur, ton cher Fils.

3. Enseigne-moi ce qu'il faut faire
   Pour plaire à tes yeux en ce jour;
   Que ton divin Esprit m'éclaire
   Et m'enflamme de ton amour!

4. Je vais maintenant entreprendre
   L'œuvre de ma vocation;
   Père éternel, daigne répandre
   Sur moi ta bénédiction.

5. Fais que dans mon travail je pense
   A ta grandeur, à mon néant,
   A mes péchés, à ta clémence,
   A ma fin, à ton jugement.

6. Qu'en travaillant il me souvienne
   Que je suis toujours sous tes yeux,
   Afin qu'avec soin je m'abstienne
   De tout ce qui t'est odieux.

7. Ne permets pas que l'indigence
   Me jette dans le désespoir,
   Ni qu'une trop grande abondance
   Me fasse oublier mon devoir.

8. Que je t'aime comme mon père,
Et que jamais l'amour du gain
Ne me fasse tromper mon frère
Ni faire tort à mon prochain !

9. Garantis-moi de toute envie,
Et fais que, content de mon sort,
Sur ta loi je règle ma vie
En me préparant à la mort.

10. Enfin, Seigneur, lorsque mon âme
Un jour tu me demanderas,
Fais que ton saint amour l'enflamme
Et qu'elle s'envole en tes bras.

N° 45.

CANTIQUE 306. — AIR 11.

1. Lève-toi dans mon cœur, étoile matinière ;
Jésus, soleil divin, source de la lumière,
Embrase mes désirs du feu de ton amour
Et renouvelle en moi ta grâce avec le jour.

2. Quand le soleil se lève, on voit que la nature,
En se renouvelant, prend une autre figure ;
Il en sera de même à l'égard de mon cœur
Si tu viens, ô Jésus, y jeter ta lueur.

3. On me verra marcher en enfant de lumière,
Si tu conduis mes pas, pendant ma vie entière ;
Je t'aimerai, Seigneur, et mon âme en tout temps
Aura soin d'observer tes saints commandements.

4. Rétablis, par ta grâce, en mon cœur ton image,
Afin qu'à tous égards ma conduite soit sage.
Jésus, qui peux remplir et passer mes souhaits,
Daigne exaucer les vœux qu'humblement je te fais.

N° 46.

CANTIQUE 309. — AIR 10.

Brillante étoile du matin,
Amène-nous un jour serein,
  Un jour de paix, de grâce.
Comme une aurore, dans mon cœur
Darde ta divine splendeur
  Et ta douce efficace.
        Agneau,
        Flambeau
      De ma vie,
      Je te prie,
      Viens, éclaire
Tous mes pas par ta lumière.

N° 47.

CANTIQUE 310. — AIR 33.

1. Seigneur, sous ta sûre conduite
  Nous venons de passer le jour ;
  Que cette nuit soit une suite
  De tes soins et de ton amour !
  Sois notre garde et notre asile,
  Joins aux biens que tu nous as faits,
  La douceur d'un sommeil tranquille
  Et le sentiment de ta paix.

2. Donne-nous de saintes pensées
  Dans le silence de la nuit,
  Et de tes bontés retracées
  Fais que nous savourions le fruit.
  De tes plus précieuses grâces
  Tu nous ouvres tous les trésors ;

Il n'est bien que tu ne nous fasses
Soit pour l'âme, soit pour le corps.

3. Nous sommes par ta providence
Nourris, vêtus et conservés ;
De l'erreur et de l'ignorance
Ton Esprit nous a préservés.
Puissions-nous faire un saint usage
De tout ce que nous recevons,
Et te rendre un fidèle hommage
Pour tout ce que nous te devons !

4. Eclaire sans cesse notre âme
Des rayons d'une vive foi,
Allume la céleste flamme
Dont nous devons brûler pour toi.
Seigneur, apprends-nous à te suivre,
A tout quitter, à tout souffrir.
Qui dans les plaisirs cherche à vivre,
Ne songe guère à bien mourir.

5. Heureux qui préfère ses larmes
Et ses salutaires malheurs
A tous les biens, à tous les charmes
Dont le monde séduit nos cœurs !
Le monde et sa vanité passe ;
Mais qui te consacre ses jours,
Dans le ciel s'assure une place,
Et qui vit bien, vivra toujours.

N° 48.

CANTIQUE 324. — AIR 36.

1. A ton école, divin maître,
Nous sommes venus nous former.

Enseigne-nous à te connaître
Pour te servir et pour t'aimer.

2. Seigneur, qu'attentifs et tranquilles
Nos esprits cèdent à ta voix
Et que nos cœurs toujours dociles
Demeurent soumis à tes lois !

N° 49.

CANTIQUE 325. — AIR 59.

1. Esprit saint, daigne instruire
Nos esprits ignorants ;
Seigneur, daigne conduire
Nos pas si chancelants.

2. Rends notre âme docile
Aux divines leçons
De ton saint Evangile ;
Jésus, nous t'en prions.

3. Que ta sainte parole,
Doux ami des enfants,
Nous guide, nous console
Dès nos plus jeunes ans.

N° 50.

CANTIQUE 327. — AIR 59.

1. Que Jésus te bénisse,
Troupeau chéri de Dieu !
Que son regard propice
T'accompagne en tout lieu !

2. O Seigneur, par ta grâce
   Conduis tes chers enfants.
   Que l'éclat de ta face
   Sur nous brille en tout temps !

N° 51.

CANTIQUE 528. — AIR 24.

O Dieu dont l'Esprit nous console,
Donne à ton enfant, chaque jour,
Un cœur qui tremble à ta parole
Et qui s'égaie en ton amour.
Que l'horreur du mal soit ma crainte,
Que ta grâce soit mon bonheur !
Fais que je marche sans contrainte
Sur les traces de mon Sauveur.

N° 52.

CANTIQUE 350. — AIR 85.

1. Un pauvre voyageur, absent de sa patrie,
   Par ses ardents souhaits devance le moment
   Qui verra son retour à la terre chérie
   Où, près de ses amis, un doux repos l'attend.

2. Oh ! qu'il est consolé lorsque le jour arrive,
   Où tout est préparé pour cet heureux départ !
   De son pays enfin il va toucher la rive ;
   Ses vœux impatients repoussent tout retard.

3. Pourquoi donc sentons-nous qu'en traversant la vie
   Nous n'avons pour le ciel que des soins languissants ?
   Oui, pourquoi notre cœur a-t-il si peu d'envie
   De voir l'éternité succéder à nos ans ?

4. Ce cœur n'aime donc plus la patrie éternelle
   Où notre rédempteur règne au milieu des siens !
   Notre âme en s'y rendant ne trouve donc en elle
   Que de tristes dégoûts pour les célestes biens !

5. O gens de peu de foi, cœurs charnels que nous sommes,
   Qu'attendons-nous encor pour aimer notre Dieu ?
   Vivrons-nous donc toujours comme vivent les hommes?
   Pour nous le vrai repos est-il en ce bas lieu?

6. Ah ! bientôt finira ce rapide passage,
   Bientôt nous rougirons de toutes nos lenteurs,
   De nos lâches délais à saisir l'héritage
   Que Jésus nous acquit au prix de ses langueurs.

7. Courage donc, chrétiens ! Ranimons notre course ;
   Le terme est près de nous, c'est la porte des cieux.
   Notre âme, en y tendant, remonte vers la source
   D'où descendit sur nous le salut glorieux.

8. Pensons à ce beau jour où, quittant cette terre,
   Nous contemplerons Dieu, nous entendrons sa voix,
   Où nous verrons Jésus, notre ami, notre frère,
   Oui, le même Jésus qui mourut sur la croix.

9. Tournons donc nos désirs vers ce jour qui s'avance,
   Appelons le Seigneur, disons-lui : « Viens bientôt !»
   Soyons prêts à partir et, dans la vigilance,
   De notre sainte foi gardons le bon dépôt.

10. Oh ! quel moment béni, quelle heure fortunée
    Que celle où, pour toujours, nous laisserons la mort !
    Ah ! par tous nos souhaits hâtons cette journée
    Où de la vie enfin nous toucherons le port !

Paris. — Imprimerie d'E. Duverger, rue de Verneuil, 6.

www.ingramcontent.com/pod-product-compliance
Lightning Source LLC
Chambersburg PA
CBHW051721070726

47594CB00018B/1338